D1571017

Co   Pombo, Rafael
863.44   Cuentos de Pombo/Rafael Pombo;
          Ilustraciones Patricia Acosta -- Santafé de
          Bogotá: Panamericana, ©1996 .
          64 p. : II. -- (Corcel)

          ISBN 958-30-0355-7

          1. CUENTOS 2. LITERATURA INFANTIL
          COLOMBIANA

          I. tit. II. Pombo, Rafael III. Acosta,
          Patricia, il.

CUENTOS
DE
POMBO

CUENTOS DE POMBO

Ilustraciones de Patricia Acosta

COLECCIÓN

CORCEL

PANAMERICANA
EDITORIAL

Editor
Panamericana Editorial Ltda.

Dirección editorial
Alberto Ramírez Santos

Coordinación del proyecto
Álvaro A. Romero Romero

Asesor editorial
Gabriel Silva Rincón

Diseño y diagramación
Carmen Elisa Acosta García

Ilustraciones de cubierta e interiores
Patricia Acosta García

Primera edición en Panamericana Editorial Ltda., marzo de 1997
Cuarta reimpresión, abril de 2001

© 1997 Panamericana Editorial Ltda.
Calle 12 No. 34-20, Tels.: 3603077 - 2770100
Fax: (57 1) 2373805
Correo electrónico: panaedit@panamericana.com.co
www.panamericanaeditorial.com.co
Bogotá, D. C., Colombia

ISBN Volumen: 958-30-0355-7
ISBN Colección: 958-30-0781-1

Impreso por Panamericana Formas e Impresos S. A.
Calle 65 No. 95-28, Tels.: 4302110 - 4300355, Fax: (57 1) 2763008
Quien sólo actúa como impresor.

Impreso en Colombia   Printed in Colombia

CONTENIDO

EL RENACUAJO
PASEADOR

El hijo de Rana, Rinrín Renacuajo,
Salió esta mañana muy tieso y muy majo
Con pantalón corto, corbata a la moda,
Sombrero encintado y chupa de boda.
"¡Muchacho, no salgas!" le grita mamá.
Pero él le hace un gesto y orondo se va.

Halló en el camino a un ratón vecino,
Y le dijo: "¡Amigo! venga, usted conmigo,
Visitemos juntos a doña Ratona
Y habrá francachela y habrá comilona".

A poco llegaron, y avanza Ratón,
Estírase el cuello, coge el aldabón,
Da dos o tres golpes, preguntan:¿"Quién es?"
"Yo, doña Ratona, beso a usted los pies".

"¿Está usted en casa?" "Sí, señor, sí estoy;
Y celebro mucho ver a ustedes hoy;
Estaba en mi oficio, hilando algodón,
Pero eso no importa; bien venidos son".

Se hicieron la venia, se dieron la mano;
Y dice Ratico, que es más veterano:
"Mi amigo el de verde rabia de calor,
Démele cerveza, hágame el favor".

Y en tanto que el pillo consume la jarra
Mandó la señora traer la guitarra
Y a Renacuajito le pide que cante
Versitos alegres, tonada elegante.

"¡Ay! de mil amores lo hiciera, señora,
Pero es imposible darle gusto ahora,
Que tengo el gaznate más seco que estopa
Y me aprieta mucho esta nueva ropa.

"Lo siento infinito, responde tía Rata,
Aflójese un poco chaleco y corbata,
Y yo mientras tanto les voy a cantar
Una cancioncita muy particular".

Mas estando en esta brillante función
De baile y cerveza, guitarra y canción,
La Gata y sus Gatos salvan el umbral,
Y vuélvese aquello el juicio final.

Doña Gata vieja trinchó por la oreja
Al niño Ratico maullándole: "Hola"
Y los niños Gatos a la vieja Rata
Uno por la pata y otro por la cola.

Don Renacuajito mirando este asalto
Tomó su sombrero, dio un tremendo salto,
Y abriendo la puerta con mano y narices,
Se fue dando a todos "noches muy felices".

Y siguió saltando tan alto y aprisa,
Que perdió el sombrero, rasgó la camisa,
Se coló en la boca de un pato tragón
Y éste se lo embucha de un solo estirón.

Y así concluyeron, uno, dos y tres,
Ratón y Ratona, y el Rana después;
Los gatos comieron y el Pato cenó.
¡Y mamá Ranita solita quedó!

TÍA
PASITROTE

Tía Pasitrote
Salió con Mita
Y en el cogote
Va la chiquita.

Toda la gente
Soltó la risa
Y ella les dijo:
"Voy muy de prisa;

"Ríanse ustedes;
Yo también río".
Y doña Gata
Les hizo ¡Muío!

Compró zapatos
Para Madama,
Pero a su vuelta
La encontró en cama.

Le dio una fruta,
Le dio una flor,
Y al punto Mita
Cogió un tambor;

Y con más garbo
Que un capitán,
Dio un gran redoble,
¡Ra-ca-ta-plán!

Tía Pasitrote
Fue a comprar leche
Y le dijeron
"Que le aproveche".

Buscando a Mita
Volvió corriendo
Y a la chiquita
La halló cosiendo.

Quieta y juiciosa
Como un muchacho
Ensartando hebras
De su mostacho.

Salió a comprarle
Capa o capote
Y unas navajas
Para el bigote;

Pero al retorno
La halló traviesa
Patas arriba
Sobre una mesa.

Le dio a la tía
La pataleta,
Mas volvió en sí
Con la trompeta.

Llegó la tía
Tan boquiabierta
Que no cabía
Por esa puerta.

Dio un paso en falso,
Móndase un codo,
Y al suelo vino
Con silla y todo.

Entonces grita
"¡Ay! ¡ay! ¡ay! ¡ao!"
Y la Michita
Dijo "¡Miaao!"

Salió a comprarle
La mejor pluma,
Pagó por ella
Cuantiosa suma;

Volvió a la casa
Como clueca,
Y halló a la niña
Con su muñeca,

Un ratoncito,
¡Pobre ratón!
Que atormentaba
Sin compasión.

Salió a traerle
Una gorrita,
Pero al regreso
No encontró a Mita.

Dio muchas vueltas
Busca que busca,
Y atrapó al cabo
A aquella chusca.

Con un mosquete
De dos cañones,
Pólvora y balas
Y municiones.

Salió de nuevo
Tía Pasitrote
Con sus cachetes
Y su garrote.

Volvió muy pronto
Hecha una fiesta,
Con una silla
Para la siesta,

Y encontró a Mita
Lavando ropa
Y mojadita
Como una sopa.

JUAN
CHUNGUERO

Era Juan Chunguero insigne gaitero
Con la misma gaita que fue de su taita,
Y aunque un aire sólo trinaba este Apolo,
Furibundo estrépito formaba con él.

Y muchas parejas, y aun viejos y viejas,
Bailaban en tanto con risa y con canto,
Y de ellos no pocos resultaron locos
Por arte diabólica del músico aquel.

La abuela Tomasa volviendo a su casa
Bailó una cachucha, tan ágil, tan ducha,
Que vieja y canasto se hicieron emplasto
Y tortilla espléndida de huevos con pan.

Dicen que un cordero salió maromero
Y montó en un lobo que andaba hecho
                                    un bobo.
Y que aquella vaca que ordeñaba Paca
Armó con el cántaro una de "¡San Juan!"

Iba en su camino sudando un pollino
Y dándole palo su enemigo malo,
Mas oyó al gaitero y ¡adiós del arriero!
Y ¡adiós carga y látigo, cabestro y cinchón!

Pero no hubo gloria en toda esta historia
Como la de aquella Pastorcita bella
Viendo ya encolada toda su manada
Valsando alegrísima de la gaita al son.

Y al ver a Pastora aquel Juan Chunguero,
Y oyendo a Chunguero la linda Pastora,
Él se hizo Pastor; gaitera, Pastora,
Y él su corderito y ella su cordero.

EL GATO
BANDIDO

Michín dijo a su mamá:
"Voy a volverme Pateta,
Y el que a impedirlo se meta
En el acto morirá.
Ya le he robado a papá
Daga y pistolas; ya estoy
Armado y listo; y me voy
A robar y matar gente,
Y nunca más (¡ten presente!)
Verás a Michín desde hoy".

Yéndose al monte, encontró
A un gallo por el camino.
Y dijo: "A ver qué tal tino
Para matar tengo yo".
Puesto en facha disparó.
Retumba el monte al estallo.
Michín maltrátase un callo
Y se chamusca el bigote;
Pero tronchado el cogote,
Cayó de redondo el gallo.

Luego a robar se encarama,
Tentado de la gazuza,
El nido de una lechuza
Que en furia al verlo se inflama.
Mas se le rompe la rama.
Vuelan chambergo y puñal,
Y al son de silba infernal
Que taladra los oídos
Cae dando vueltas y aullidos
El prófugo criminal.

Repuesto de su caída
Ve otro gato, y da el asalto.
"¡Tocayito, haga usted alto!
¡Déme la bolsa o la vida!"
El otro no se intimida
Y antes grita: "¡Alto el ladrón!"
Tira el pillo, hace explosión
El arma por la culata,
Y casi se desbarata
Michín de la contusión.

Topando armado otro día
A un perro gran bandolero,
Se le acercó el marrullero
Con cariño y cortesía:
"Camarada, le decía,
Celebremos nuestra alianza";
Y así fue: diéronse chanza,
Baile y brandy, hasta que al fin
Cayó rendido Michín
Y se rascaba la panza.

"Compañero, dijo el perro,
Debemos juntar caudales
Y asegurar los reales
Haciéndoles un entierro".
Hubo al contar cierto yerro
Y grita y gresca se armó.
Hasta que el perro empuñó
A dos manos el garrote:
Zumba, cae, y el amigote
Medio muerto se tendió.

Con la fresca matinal
Michín recobró el sentido
Y se halló manco, impedido,
Tuerto, hambriento y sin un real.
Y en tanto que su rival
Va ladrando a carcajadas
Con orejas agachadas
Y con el rabo entre piernas,
Michín llora en voces tiernas
Todas sus barrabasadas.

Recoge su sombrerito,
Y bajo un sol que lo abrasa,
Paso a paso vuelve a casa
Con aire humilde y contrito.
"Confieso mi gran delito
Y purgarlo es menester,
Dice a la madre; has de ver
Que nunca más seré malo,
¡Oh mamita! dame palo
¡Pero dame qué comer!"

LA POBRE
VIEJECITA

Érase una viejecita
Sin nadita qué comer
Sino carnes, frutas, dulces,
Tortas, huevos, pan y pez.

Bebía caldo, chocolate,
Leche, vino, té y café.
Y la pobre no encontraba
Qué comer ni qué beber.

Y esta vieja no tenía
Ni un ranchito en qué vivir
Fuera de una casa grande
Con su huerta y su jardín.

Nadie, nadie la cuidaba
Sino Andrés y Juan y Gil
Y ocho criadas y dos pajes
De librea y corbatín.

Nunca tuvo en qué sentarse
Sino sillas y sofás
Con banquitos y cojines
Y resorte al espaldar.

Ni otra cama que una grande
Más dorada que un altar,
Con colchón de blanda pluma
Mucha seda y mucho holán.

Y esta pobre viejecita
Cada año hasta su fin,
Tuvo un año más de vieja
Y uno menos qué vivir.

Y al mirarse en el espejo
La espantaba siempre allí
Otra vieja de antiparras,
Papalina y peluquín.

Y esta pobre viejecita
No tenía qué vestir
Sino trajes de mil cortes
Y de telas mil y mil.

Y a no ser por sus zapatos,
Chanclas, botas y escarpín,
Descalcita por el suelo
Anduviera la infeliz.

Apetito nunca tuvo
Acabando de comer,
Ni gozó salud completa
Cuando no se hallaba bien.

Se murió de mal de arrugas,
Ya encorvada como un 3,
Y jamás volvió a quejarse
Ni de hambre ni de sed.

Y esta pobre viejecita
Al morir no dejó más
Que onzas, joyas, tierras, casas,
Ocho gatos y un turpial.

Duerma en paz, y Dios permita
Que logremos disfrutar
Las pobrezas de esa pobre
Y morir del mismo mal.

SIMÓN EL
BOBITO

Simón el Bobito llamó al pastelero:
"¡A ver los pasteles! ¡los quiero probar!"
"Sí, repuso el otro, pero antes yo quiero
Ver ese cuartillo con que has de pagar".

Buscó en los bolsillos el buen Simoncito
Y dijo: "¡De veras! no tengo ni unito".

A Simón el Bobito le gusta el pescado
Y quiere volverse también pescador,
Y pasa las horas sentado, sentado,
Pescando en el balde de mama Leonor.

Hizo Simoncito un pastel de nieve
Y a asar en las brasas hambriento lo echó,
Pero el pastelito se deshizo en breve,
Y apagó las brasas y nada comió.

Simón vio unos cardos cargando ciruelas
Y dijo: "¡Qué bueno! Las voy a coger".
Pero peor que agujas y puntas de espuelas
Le hicieron brincar y silbar y morder.

Se lavó con negro de embolar zapatos,
Porque su mamita no le dio jabón,
Y cuando cazaban ratones los gatos
Espantaba al gato gritando: *¡ratón!*

Ordeñando un día la vaca pintada
Le apretó la cola en vez del pezón;
Y ¡aquí de la vaca!, le dio tal patada
Que como un trompito bailó don Simón.

Y cayó montado sobre la ternera;
Y doña ternera se enojó también,
Y ahí va otro brinco y otra pateadera
Y dos revolcadas en un santiamén.

Se montó en un burro que halló en el
mercado
Y a cazar venados alegre partió,
Voló por las calles sin ver un venado,
Rodó por las piedras y el asno se huyó.

A comprar un lomo lo envió taita Lucio,
Y él lo trajo a casa con gran precaución
Colgado del rabo de un caballo rucio
Para que llegase limpio y sabrosón.

Empezando apenas a cuajarse el hielo
Simón el Bobito se fue a patinar,
Cuando de repente se le rompe el suelo
Y grita: "¡Me ahogo! ¡Vénganme a sacar!"

Trepándose a un árbol a robarse un nido,
La pobre casita de un mirlo cantor...
Desgájase el árbol, Simón da un chillido,
Y cayó en un pozo de pésimo olor.

Ve un pato, le apunta, descarga el trabuco,
Y volviendo a casa le dijo a papá:
"Taita, yo no puedo matar pajaruco
Porque cuando tiro se espanta y se va".

Viendo una salsera llena de mostaza,
Se tomó un buen trago creyéndola miel,
Y estuvo rabiando y echando babaza
Con tamaña lengua y ojos de clavel.

Vio un montón de tierra que estorbaba el
paso,
Y unos preguntaban: "¿Qué haremos aquí?"
"¡Bobos! dijo el niño, resolviendo el caso:
Que abran un gran hoyo y la echen allí".

Lo enviaron por agua, y él fue volandito
Llevando el cedazo para echarla en él:
Así que la traiga el buen Simoncito
Seguirá su historia pintoresca y fiel.

MIRRINGA
MIRRONGA

Mirringa Mirronga, la gata candonga,
Va a dar un convite jugando escondite,
Y quiere que todos los gatos y gatas
No almuercen ratones ni cenen con ratas.

"A ver mis anteojos, y pluma y tintero,
Y vamos poniendo las cartas primero.
Que vengan las Fuñas y las Fanfurriñas,
Y Ñoño y Marroño y Tompo y sus niñas.

"Ahora veamos qué tal de alacena.
Hay pollo y pescado, ¡la cosa está buena!
Y hay tortas y pollos y carnes sin grasa,
¡Qué amable señora la dueña de casa!

"Venid mis michitos Mirrín y Mirrón.
Id volando al cuarto de mamá Fogón
Por ocho escudillas y cuatro bandejas
Que no estén rajadas, ni rotas ni viejas.

"Venid mis michitos Mirrón y Mirrín
Traed la canasta y el dindirindín,
¡Y zape, al mercado! que faltan lechugas
Y nabos y coles y arroz y tortuga.

"Decid a mi amita que tengo visita,
Que no venga a verme, no sea que se
                                    enferme;
Que mañana mismo devuelvo sus platos,
Que agradezco mucho y están muy baratos.

"¡Cuidado, patitas, si el suelo me embarran!
¡Que quiten el polvo, que frieguen, que
                                    barran!
¡Las flores, la mesa, la sopa!... ¡Tilín!
Ya llega la gente. ¡Jesús, que trajín!"

Llegaron en coche ya entrada la noche
Señores y damas, con muchas zalemas,
En grande uniforme, de cola y de guante,
Con cuellos muy tiesos y frac elegante.

Al cerrar la puerta Mirriña la tuerta
En una cabriola se mordió la cola,
Mas olió el tocino y dijo "¡Miaao!
¡Este es un banquete de pipiripao!"

Con muy buenos modos sentáronse todos,
Tomaron la sopa y alzaron la copa;
El pescado frito estaba exquisito
Y el pavo sin hueso era un embeleso.

De todo les brinda Mirringa Mirronga:
"¿Le sirvo pechuga?" "Como usted
                                          disponga;"
"Y yo a usted pescado, ¿que está delicado?"
"Pues tanto le peta, no gaste etiqueta."

"Repita sin miedo". Y él dice: "Concedo";
Mas ¡ay! que una espina se le atasca indina,
Y Ñoña la hermosa que es habilidosa
Metiéndole el fuelle le dice "¡Resuelle!"

Mirriña la cuca le golpeó en la nuca
Y pasó al instante la espina del diantre,
Sirvieron los postres y luego el café,
Y empezó la danza bailando un minué.

Hubo vals, lanceros y polka y mazurka,
Y Tompo que estaba con máxima turca,
Enreda en las uñas el traje de Ñoña
Y ambos van al suelo y ella se desmoña.

Maullaron de risa todos los danzantes
Y siguió el jaleo más alegre que antes.
Y gritó Mirringa "¡Ya cerré la puerta!
¡Mientras no amanezca, ninguno deserta!"

Pero ¡qué desgracia! entró doña Engracia
Y armó un gatuperio un poquito serio
Dándoles chorizo del tío Pegadizo
Para que hagan cenas con tortas ajenas.

PASTORCITA

Pastorcita perdió sus ovejas
¡Y quién sabe por dónde andarán!
No te enfades, que oyeron tus quejas
Y ellas mismas bien pronto vendrán.
Y no vendrán solas, que traerán sus colas,
Y ovejas y colas gran fiesta darán.

Pastorcita se queda dormida.
Y soñando las oye balar;
Se despierta y las llama en seguida,
Y engañada se tiende a llorar.
No llores, Pastora, que niña que llora
Bien pronto la oímos reír y cantar.

Levantóse contenta, esperando
Que ha de verlas bien presto quizás;
Y las vio; mas dio un grito observando
Que dejaron las colas detrás.
¡Ay mis ovejitas! ¡Pobres raboncitas!
¿Dónde están mis colas? ¿No las veré más?

Pero andando con todo el rebaño
Otro grito una tarde soltó,
Cuando un gajo de un viejo castaño
Cargadito de colas halló.
Secándose al viento, dos, tres, hasta ciento,
¡Allí una tras otra colgadas las vio!

Dio un suspiro y un golpe en la frente,
Y ensayó cuanto pudo inventar,
Miel, costura, variado ingrediente,
Para tanto rabón remendar;
Buscó la colita de cada ovejita
Y al verlas como antes se puso a bailar.

Rafael Pombo
(1833 - 1912)

Firatelio, el joven

Pombo nació en el seno de una acomodada familia bogotana. Su madre, doña María Rebolledo le enseñó a leer, y según ella, comenzó a escribir versos a los diez años de edad. En 1844 ingresó al seminario, donde el estudio del latín le permitió traducir agunos fragmentos de Horacio, muy elogiados por el erudito español Marcelino Menéndez y Pelayo.

En 1846 ingresó al Colegio Mayor de Nuestra Señora del Rosario para estudiar humanidades. Se graduó como doctor en matemáticas e ingeniería en el Colegio Militar fundado por Tomás Cipriano de Mosquera y al culminar sus estudios se radicó en Estados Unidos por espacio de diecisiete años.

Antes de su partida, Pombo se vinculó a la *Sociedad Filotémica* en cuyo periódico publicó sus primeras poesías y artículos bajo el seudónimo de Firatelio. En estas poesías denotó un marcado tono sentimental y ya se percibían influencias de George Byron, José Zorrilla, Garcilaso de la Vega, Fray Luis de León y Ramón de Campoamor.

De paseo por Popayán escribió uno de sus más conocidos poemas, "Mi amor", firmado bajo el seudónimo Edda. En tierras caucanas, escribió el poema "Bambuco", impresionado por el folklore colombiano.

Esta etapa muestra a un Rafael Pombo romántico, unido a todo lo que significaba patria, heroicidad, costumbres y paisaje y al mismo tiempo preocupado por los problemas que aquejaban a la sociedad de su época.

Como residente en Estados Unidos, Pombo fue nombrado secretario de la legación colombiana en Nueva York (1851). El contacto con esta ciudad y el conocimiento de costumbres diferentes permitieron que su poesía adquiriera una significación más universal. Por esta época estudió intensamente a los clásicos y a los modernos y entabló amistad con Henry W. Longfellow y William Bryant, que influyeron positivamente en él. Fue su periodo más vital y brillante como poeta: "La noche de diciembre"; "Las norteamericanas en Broadway"; "En el Niágara";

"Elvira Tracy"; "Decíamos ayer...", son algunas de sus mejores poesías.

El 20 de agosto de 1905, en el Teatro Colón, Pombo fue coronado como el Poeta Nacional. El 6 de febrero de 1912 fue elegido miembro de la Academia Colombiana de la Lengua y más tarde designado secretario perpetuo.

El poeta romántico

Rafael Pombo ha sido uno de los poetas más completos que haya tenido nuestro país y el mejor exponente del romanticismo. El eje de su producción literaria fue el amor: a la mujer, a Dios, a la naturaleza.

Escribió en todos los géneros literarios, desde la oda hasta el epigrama, desde fábulas para niños, hasta escritos de carácter filosófico.

Como traductor fue excelente: Son muy reconocidas sus traducciones de "El poeta moribundo" de Alphonse de Lamartine, "El soliloquio de Hamlet" de William Shakespeare y el "Episodio de Laocoonte" de Virgilio.

Como periodista Pombo fundó los periódicos Cartucho y El Centro; dirigió El Tomista, fue colaborador de La Siesta, El Día, El Filotémico, El Heraldo, El Obrero, La Escuela Normal, La América, La Nueva Era y Las Crónicas. En muchos de ellos fueron famosas las controversias políticas en verso con personajes de la época.

Pombo también fue el poeta de los cuentos infantiles y de las fábulas. Sus poemas infantiles están llenos de gracia, musicalidad y son reflejo de un ambiente popular.

El día de su muerte la ciudad entera lloró su pérdida; por ese entonces ya era un poeta admirado y querido por todos.

La memoria de Pombo fue honrada mediante la ley 87 del 16 de noviembre de 1912, en la que se estipulaba la publicación de las obras del poeta por cuenta del Estado, tarea encomendada a Antonio Gómez, quien por la estrechez de presupuesto dejó gran parte sin publicar. Más adelante, Héctor H. Orjuela logró editar una colección más completa en tres volúmenes. En los dos primeros figuran 334 poemas; al final de cada tomo aparecen respectivamente dos sonetos en inglés y la ópera en español *Florinda*, la cual consta de cinco actos en verso. El tomo tres recopila las traducciones hechas por Pombo.